G. VALTAT

LA BAS

ÉPISODE
de la guerre du Tonkin.

VILLENEUVE-SUR-YONNE

IMERIE, LIBRAIRIE, RELIURE A. BÉNÉTON.

1899

G. VALTAT

LA BAS

ÉPISODE
de la guerre du Tonkin.

VILLENEUVE-SUR-YONNE

IMPRIMERIE, LIBRAIRIE, RELIURE A. BÉNÉTON.

1899

Au Commandant MOUSSAY,

de l'Infanterie de Marine.

I

Allègrement ce matin là les Marsouins montent la route difficile.

Ils sont sortis du campement avant l'aube et chantent à plein gosier pensant être loin encore du théâtre de l'opération. L'ennemi doit-être à plus de deux lieues si les renseignements recueillis sont exacts.

« Soudain, d'une voix brève, le chef de la petite troupe prescrit le silence. »

Il s'établit aussitôt et l'on n'entend plus sur la route poudreuse que le pas rythmé des soldats. Ceux-ci ne peuvent s'expliquer ce changement d'attitude. — Pourquoi ? c'est que l'on va entrer tout d'un coup dans la brousse. « Et cet arrêt brusque du chemin qu'obstrue une végétation vierge et inaccessible ; cette solution de continuité que ses hommes n'ont pu deviner, le lieutenant Pierre Hutreuil qui commande la Reconnaissance, l'a pressenti avec son habitude des lieux. Il prend aussitôt les précautions nécessaires afin d'éviter les accidents et d'exposer une existence précieuse.

Tout à l'heure, à la bonne heure, on la donnera, de bon cœur, sa vie pour la France !

« Muets alors et agiles ainsi que des gymnastes, sur un signe du chef tous descendent un ravin qui reste leur seule issue et qui les tiendra à couvert espèrent-ils. »

Descente fort dangereuse, mais dont les péripéties et les difficultés ne sont pas pour arrêter cette poignée de braves, ni pour abattre leur courage. Cet effort trouve sa récompense. Après vingt minutes d'un travail périlleux la petite troupe se trouve réunie au complet au fond du ravin où se déverse un torrent, sur un terrain assez spacieux, difficile encore, mais du moins praticable.

Ils sont là quarante ! Et depuis la moustache grise jusqu'à l'imberbe, tous se sentent pénétrés de la grandeur du devoir à accomplir; du sacrifice probable, certain pour beaucoup d'entre eux et remplis d'une ardeur enthousiaste.

A la file indienne, sans bruit, ils reprennent la marche. A peine ont-ils fait cent pas que les éclaireurs tombent foudroyés sans avoir pu se reconnaître : Lâchement trahis par leurs espions réguliers, nos Marsouins vont-être écrasés sous le nombre et le ravin qui leur semblait un sûr abri ne leur servira que de tombeau.

Ils périront tous, soit, mais ils vendront chèrement leur vie. !

Ralliés immédiatement par le sifflet de leur chef, froidement sous les balles indigènes, nos soldats se forment en carré.

« De toute part la fusillade s'engage.

Et, alors que débordant de tous côtés, l'hydre chinois parait, en poussant des cris gutturaux et des imprécations à l'adresse de ces braves, du carré, devenu fournaise, un cri, un seul leur répond : cri d'ivresse, de vengeance et d'amour : *vive la France !!*

« Au sol inhospitalier du Tonkin, comme lors de notre malheureuse guerre, la force prima le courage et l'abnégation ». — Un par un tombent pour la mère Patrie, ces enfants dont les mères n'auront pas la dépouille.
. . . . Ils ne sont plus que vingt, ils ne sont plus que dix !

A leur tour ces survivants vont succomber, mais combien héroïquement !

Décrire cette scène est impossible :

Il y a longtemps déjà que le fusil ne parle plus, seule l'arme blanche agit. L'on se bat avec rage ! tandis que le torrent roule ses eaux rougies . . . .
Les derniers héros de cette obscure mais magnifique épopée, n'ont plus rien d'humains :

Défigurés, haletants, ivres de sang, hideux ! ils ne veulent pas mourir encore ! Et ils frappent, frappent toujours, transpercent, mordent, roulant en s'étreignant aux Chinois qu'ils entraînent avec eux dans la mort. « Mais ceux-ci hélas, sont trop !

. . . . Par un hasard providentiel Pierre Hutreuil est encore debout, superbe !

Il vient d'abattre à ses pieds un grand escogriffe grimaçant, lorsqu'à son tour il est frappé à la tête, affreusement d'un *coupe-coupe*. Il tombe, murmurant avec une tristesse infinie : adieu Hélène......, adieu mon Fils... .

Bientôt est couché à ses côtés la dernière victime de l'hécatombe. Tout est fini.

« Il est midi et le soleil paraît alors dans tout son éclat, jetant au hasard ses purs rayons sur ce navrant spectacle.........

II

L'effroyable boucherie a pris fin. Très vite les *Pavillons noirs* quittent l'endroit emportant leurs morts. Les Français, eux, n'auront pas de sépulture, peut-être, et ces soldats stoïques deviendront la proie des fauves......

Les derniers chinois sont à peine disparus que le lieutenant Hutreuil revient lentement à la vie, croyant sortir d'un rêve. Il porte la main à son front et la retire humide.

Alors, il se souvient et un mouvement qu'il fait, rouvre sa plaie qu'à fermée à demi le sang coagulé. Il en éprouve une si vive douleur qu'il reste immobile de nouveau avec la notion nette, cette fois, qu'il va mourir....... Oui, périr là, dans ce gouffre affreux, loin des siens.

« Il n'aura pas la consolation du baiser suprême de l'épouse chérie.

Il ne connaîtra pas ce fils qui lui est né dès son départ de France et qui a un an maintenant. Un an ! ce qu'il doit-être beau ! De grosses larmes coulent abondamment de ses yeux à la pensée de tout ce qu'il perd.

Cette crise le soulage.

Il peut après mille efforts se trainer jusqu'au ruisseau dont l'eau est redevenue limpide dès que la lutte a cessée. Il peut la boire avidement, y baigner son front sanglant.

Pierre se sent mieux après ce délassement et le voici qui prend conscience de sa blessure. Grâce à Dieu, le coup qui l'a terrassé a été coupure, plutôt que coup de masse. Coupure terrible, il est vrai, qui du crâne s'étend au front ; pourtant si aucun organe essentiel n'est atteint, il se peut qu'il guérisse et il espère ! . . . .

Puis il réfléchit : . . . .

. . . . . Il ne va pas mourir là, de suite, soit! mais en admettant sa guérison probable, comment regagner les avant-postes pour s'y faire soigner ? Bah ! il marchera jusqu'à épuisement. Peut-être aura-t-il chance d'être aperçu d'un ami, car bien certainement ce soir en ne le voyant pas revenir, le commandant Hervé, chef du camp, enverra à sa recherche.

« Il veut se lever et se mettre en route mais il retombe aussitôt mordu par une douleur atroce dont il ne devine que trop le siège. En tombant il se sera foulé le pied et voilà qui lui est impossible de faire un pas. Quoi, s'écrie t-il désespéré faut-il donc qu'échappé à l'ennemi je périsse ici de faim et de consomption ? Non ! Dieu est juste et ne le permettra pas. Dans cet espoir et rompu par l'effort tenté, jetant un regard ému sur ceux qui l'environnent et qui dorment là du dernier sommeil, Pierre s'endort profondément.

. . . .

.... Quand il sort de sa torpeur il est très étonné de se trouver dans sa tente ; étendu sur son lit, la tête enveloppée de linges bienfaisants. Il voit à son chevet une religieuse, qui le veille avec sollicitude en épiant son réveil. « Une de ces femmes admirables dont le dévouement désintéressé commande le respect à tous. Une de ces créatures sublimes pour lesquelles la vie n'a qu'un but : secourir quiconque a besoin de l'être, qu'il soit riche ou pauvre, honnête ou misérable.

Le Lieutenant Hutreuil sourit à la sainte femme et celle-ci se sent payée de ses soins par ce sourire qui lui crie : ma sœur vous m'avez soigné, ainsi que vous savez si bien le faire, ma sœur vous m'avez sauvé, soyez à jamais bénie. Pierre veut parler et demander des explications. Sa gardienne le lui défend, mais le commandant Hervé qui entre dans ce moment, se fait un plaisir de les lui fournir.

Il lui explique qu'inquiet de ne pas voir revenir la Reconnaissance et soupçonnant en partie la vérité, lui-même, se mettant à la tête d'un fort détachement, dirige les recherches. Elles sont vaines, longues et difficiles longtemps ainsi que leur marche, à eux, l'avait été sans doute. Il dit la découverte enfin du passage obstrué et du lugubre ravin. Il interprète l'émotion de tous à la vue du lieu du combat. La lutte revécue, l'héroïsme constaté, la défaite aussi, hélas! Il explique encore la prière dite à voix haute, avec recueillement, par tous. Le retour du funèbre cortège. La joie aussi de les ramener en vie, lui et un clairon, seuls survivants de la troupe héroïque ....

Le Commandant fait part à Pierre de l'espoir qu'il a (suivant le dire du Major) de sa prompte guérison.

Toutefois, il ne veut pas l'attendre pour lui témoigner son admiration. Et, muni de pleins pouvoirs dans l'occurrence, il va lui remettre la récompense qu'il a si bien méritée par sa belle conduite.

« A peine achève t-il ces mots que lentement s'entr'ouvre les tentures de la porte et le blessé délicieusement remué aperçoit un peloton de soldats qui, à l'ordre de leur officier, lui présentent les armes.

« Alors, avec une émotion qu'il a peine à réprimer, le commandant Hervé prenant

— 17 —

sa propre croix, l'attache sur la poitrine de Pierre et l'embrasse. Ce dernier murmurant un remerciement, s'évanouit, mais de joie cette fois !

L'officier de service commande :

 Reposez armes !

III

Depuis un mois Pierre se lève. Sa blessure quoique cicatrisée le fait encore parfois souffrir. Il supporte néanmoins vaillamment la douleur, joyeux d'avoir versé son sang pour la patrie et réjoui à la perspective de revoir bientôt la France et sa famille.

Il espère qu'un peu de repos lui sera dévolu, d'autant mieux que le Major a prescrit, comme couronnement à la convalescence, le retour au pays. Sur ses instances jointes à celles de son Commandant, Pierre a demandé son rapatriement.

IV

. . Etendu dans son hamac, le Lieutenant se disposait à goûter les douceurs de la sieste quand il fut interpellé par une voix connue et aimée. Le commandant Hervé accourait vers lui de toute la vitesse que lui permettait son embonpoint ; lui faisant force gestes de satisfaction et agitant au dessus de sa tête, ainsi qu'un trophée, un papier de grand format.

Hutreuil ! dit-il en arrivant tout essoufflé à ce dernier. Hutreuil ! il vous est accordé un congé ..... illimité. C'est vous qui devrez redemander du service ajouta t-il en riant. Le Général aquiesce à votre demande tout heureux de vous octroyer ce congé. Il vous fait ses meilleurs compliments et m'a chargé de vous remettre votre brevet de capitaine. La nomination est arrivée par le courrier d'hier à

Saïgon. Bravo, mon cher et toutes mes félicitations.
« Si vous m'en croyez, vous profiterez de la permission et vous partirez par le plus prochain paquebot, c'est-à dire dans vingt-quatre heures.

Pierre, qui n'en pouvait croire ses oreilles, ne put que serrer avec force la main que lui tendait amicalement son supérieur.

— C'est trop, beaucoup trop à la fois mon Commandant, bégayait-il, je n'ai fait que mon devoir.

— Que diable ! répliqua le brave homme, vous n'avez fait que votre devoir, dites vous ? C'est possible; mais le Gouvernement vous devait bien cela pour être revenu d'où l'on ne revient guère.

— Soit, mon Commandant, j'accepte toutes ces faveurs avec joie, mais laissez-moi vous remercier personnellement du fond du cœur pour toutes vos bontés, vos délicates attentions et enfin pour ce grade inattendu qui m'arrive et que certainement je dois, pour une grande part, à votre sollicitude.

— Allons, allons Capitaine, trêve de remerciements, morbleu ! en vous recommandant chaudement après une pareille affaire, à mon tour je n'ai fait que mon devoir. Acceptez donc le fait acquis ; et si j'ai quelques droits, ainsi que vous le supposez à votre gratitude, je ne vous demande en retour que la promesse de bien vouloir penser quelque fois au père Hervé, lorsque plus heureux que moi vous aurez foulé le sol natal.... . Cependant qu'une grosse larme tombait sur sa moustache blanche.

— Ah ! cela oui, avec plaisir, mon Commandant, dit Pierre. Soyez persuadé qu'il ne se passera pas de jour que je ne vous ai un moment présent à mon esprit et vous pouvez être assuré à jamais d'une place dans mon cœur. « Les deux officiers s'embrassèrent en se séparant ».

....

Deux jours après ces évènements, la *Cochinchine*, transport de premier rang cinglait vers la France.

A l'arrière du bâtiment, parmi les passagers, le capitaine Hutreuil se faisait remarquer par son émotion. Sa mâle figure autant que sa noble cicatrice, attirait l'attention. « Il agitait son mouchoir en signe d'adieu. De la rive, le commandant Hervé lui répondait. Et tant qu'ils purent s'apercevoir ils échangèrent ce suprême adieu dans lequel ils mirent toute leur âme.

Pierre était heureux. Un peu ennuyé cependant de n'avoir pu prévenir sa Femme, de son retour, dans la précipitation du départ. Mais il s'en consolait, en évoquant délicieusement l'arrivée.

Et puis, ainsi que lui avait fait observer judicieusement son vieil ami :

N'arriverait-il pas avant la lettre !

Mai 1899.

25

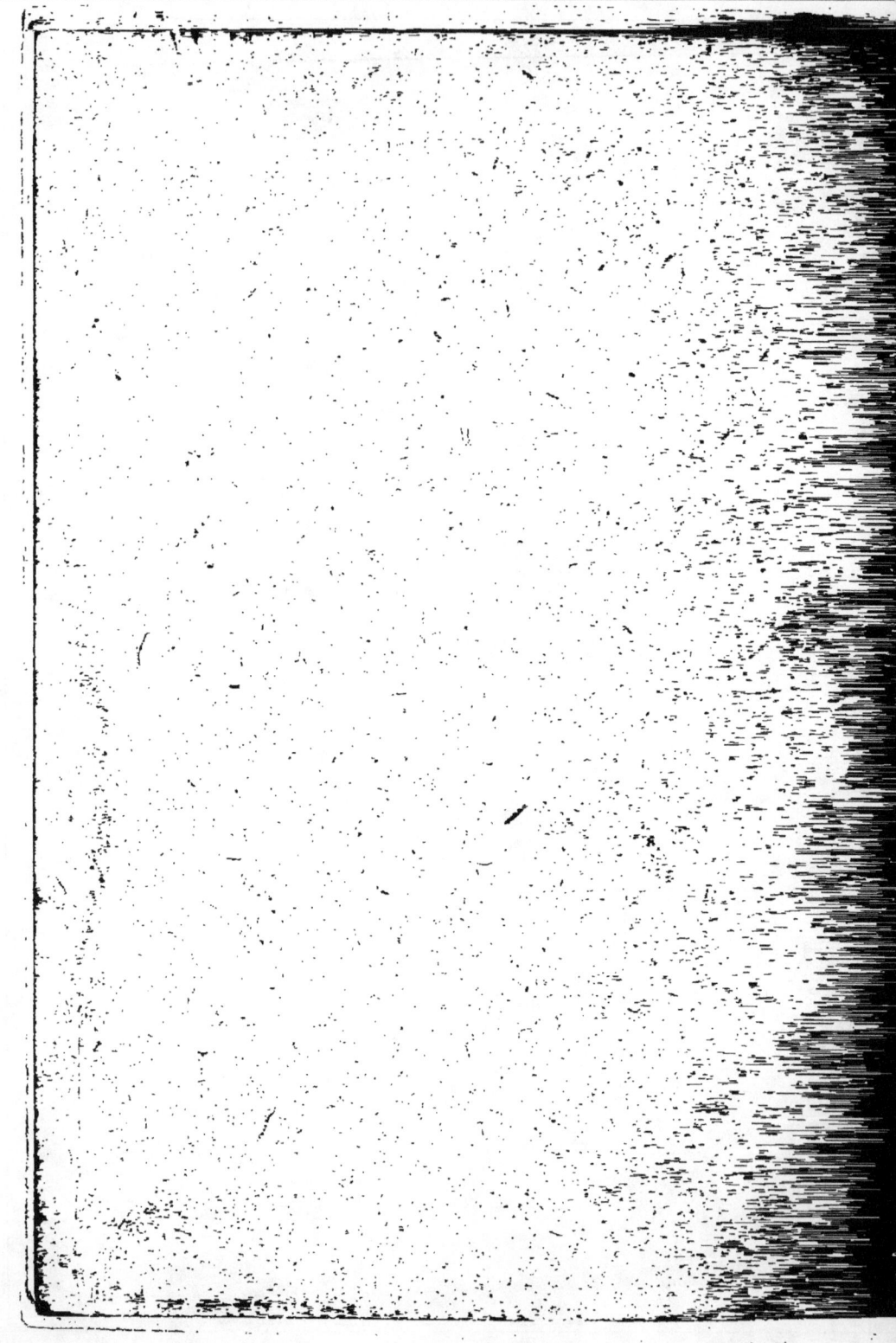

www.ingramcontent.com/pod-product-compliance
Lightning Source LLC
Chambersburg PA
CBHW060721050426
42451CB00010B/1557